Couverture Inférieure manquante

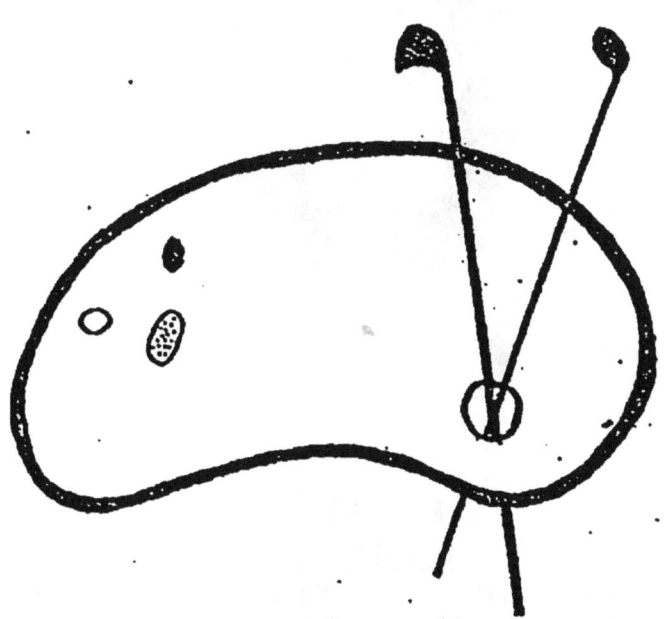

DEBUT D'UNE SERIE DE DOCUMENTS
EN COULEUR

GEORGES COURTELINE

LES
BOULINGRIN

VAUDEVILLE EN UN ACTE

PARIS
P.-V. STOCK, ÉDITEUR
(Ancienne Librairie TRESSE & STOCK)
8, 9, 10, 11, GALERIE DU THÉATRE-FRANÇAIS
Palais-Royal
—
1898
droits de reproduction, de traduction et d'exécution réservés
pour tous les pays, y compris la Suède et la Norvège.

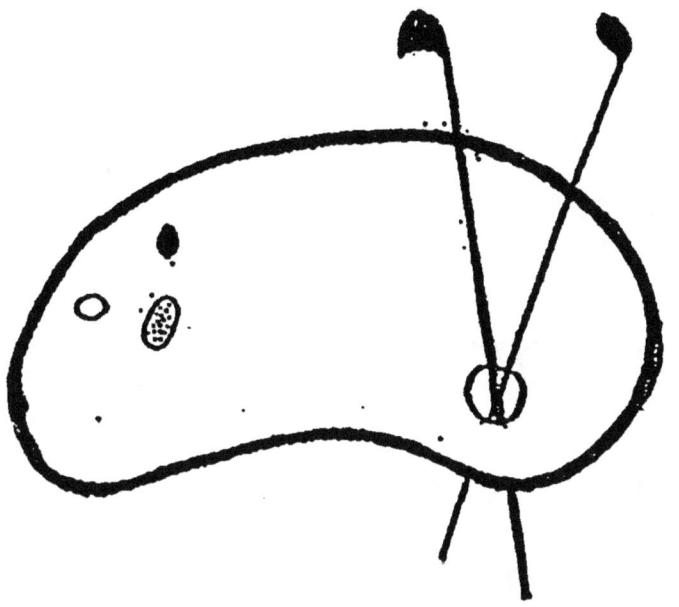

FIN D'UNE SERIE DE DOCUMENTS EN COULEUR

LES BOULINGRIN

VAUDEVILLE EN UN ACTE

*Représenté pour la première fois sur la scène
du Grand-Guignol, le 7 février 1898.*

DU MÊME AUTEUR

ROMANS ET NOUVELLES

Ah! jeunesse. Un volume in-18.
Boubouroche. Un petit volume in-42.
Le 51ᵉ Chasseurs. Un petit volume in-32.
Un Client sérieux. Un vol. in-32.
Les Facéties de Jean de la Butte. Un petit volume in-32.
Les Femmes d'amis. Un volume in-18.
Les Gaîtés de l'Escadron. Un volume in-18.
Lidoire et la Biscotte. Un volume in-18.
Madelon, Margot et Cⁱᵉ. Un petit volume in-32.
Messieurs les Ronds de cuir. Un volume in-18.
Ombres parisiennes. Un petit volume in-32.
Potiron. Un volume in-18.
Le Train de 8 h. 47. Un volume in-18.
La Vie de caserne. Un volume in-8°.

THÉATRE

Boubouroche, comédie en deux actes.
Les Boulingrin, vaudeville en un acte.
Un Client sérieux, comédie en un acte.
Le Droit aux étrennes, comédie en un acte.
Gros chagrins, un acte.
Hortense, couche-toi! saynète.
Une lettre chargée, saynète.
Lidoire, comédie en un acte.
Monsieur Badin, un acte.
La Peur des coups, comédie en un acte.
Théodore cherche des allumettes, un acte.
La Voiture versée, comédie en un acte.

ÉMILE COLIN — IMPRIMERIE DE LAGNY

GEORGES COURTELINE

LES BOULINGRIN

VAUDEVILLE EN UN ACTE

PARIS
P.-V. STOCK, ÉDITEUR
(Ancienne librairie TRESSE & STOCK)
8, 9, 10, 11, GALERIE DU THÉATRE-FRANÇAIS
PALAIS-ROYAL

1898

Tous droits de traduction, de reproduction et d'analyse réservés
pour tous pays, y compris la Suède et la Norvège.

PERSONNAGES

DES RILLETTES	MM. Robert Lagrange.
BOULINGRIN	Scheller.
MADAME BOULINGRIN . .	Mmes Ellen Andrée.
FÉLICIE	Berthe Le Brec.

LES BOULINGRIN

Le théâtre représente un salon.

SCÈNE PREMIÈRE
DES RILLETTES, FÉLICIE

DES RILLETTES, *que vient d'introduire Félicie.*
Ces Boulingrin que j'ai rencontrés l'autre jour à la table des Duclou et qui m'ont invité à venir de temps en temps prendre une tasse de thé chez eux, me paraissent de fort charmantes gens et je crois que je goûterai en leur compagnie infiniment de satisfaction.

FÉLICIE
Si monsieur veut bien prendre la peine de s'asseoir ?... Je vais aller avertir mes maîtres.

DES RILLETTES
Je vous remercie. — Ah !

FÉLICIE
Monsieur ?

DES RILLETTES

Comment vous appelez-vous, ma belle?

FÉLICIE

Je m'appelle Félicie, et vous?... Oh! ce n'est pas par indiscrétion, c'est pour savoir qui je dois annoncer.

DES RILLETTES

Trop juste : des Rillettes.

FÉLICIE, *égayée*.

Des Rillettes?

DES RILLETTES

Des Rillettes.

FÉLICIE

Ma foi, j'ai connu pire que ça. Ainsi tenez, dans mon pays, à Saint-Casimir près Amboise, nous avions un voisin qui s'appelait Piédevache.

DES RILLETTES

Oui? Eh bien allez donc informer de ma visite madame et monsieur Boulingrin.

FÉLICIE

J'y vais. (*Fausse sortie.*)

DES RILLETTES

Au fait, non. Un moment. Approchez un peu, que je vous parle. (*Lui prenant le menton.*) Vous n'êtes pas qu'une jolie fille, vous.

FÉLICIE, *modeste*.

Peuh...

DES RILLETTES

Vous êtes aussi une fine mouche.

FÉLICIE
Peuh...

DES RILLETTES
De mon côté, j'ose prétendre que je ne suis pas un imbécile.

FÉLICIE
Peuh... Pardon, je pensais à autre chose.

DES RILLETTES
Je crois que nous pourrons nous entendre. Il y a longtemps que vous servez ici ?

FÉLICIE
Bientôt deux ans.

DES RILLETTES
A merveille ! Vous êtes la femme qu'il me faut.

FÉLICIE
Vous voulez m'épouser ?

DES RILLETTES
Ne faites pas la bête, ce n'est pas de cela qu'il s'agit.

FÉLICIE
On peut se tromper. Excusez.

DES RILLETTES
Félicie, écoutez-moi bien, et surtout répondez franchement. Si vous mentez, mon petit doigt me le dira. En revanche, si vous êtes sincère, je vous donnerai quarante sous.

FÉLICIE
C'est trop.

DES RILLETTES

Cela ne fait rien ; je vous les donnerai tout de même.

FÉLICIE

En ce cas, allez-y. Questionnez.

DES RILLETTES

Entre nous, madame et monsieur Boulingrin sont de fort aimables personnes ?

FÉLICIE

Je vous crois.

DES RILLETTES

Je l'aurais parié ! — Gens simples, n'est-ce pas ?

FÉLICIE

Tout ce qu'il y a de plus.

DES RILLETTES

Un peu popote ?

FÉLICIE

Un peu beaucoup.

DES RILLETTES

Très bien ! Ménage très uni, au surplus ?

FÉLICIE

Uni ? Uni ? Mais c'est au point que j'en suis quelquefois gênée ! Jamais une discussion, toujours du même avis ! Deux tourtereaux, monsieur ! deux ramiers !

DES RILLETTES

Allons, je constate que mon flair aura fait des siennes une fois de plus. Je vais être ici comme dans un bain de sirop de sucre. Voilà vos deux francs, mon petit chat.

FÉLICIE

Ça ne vous gêne pas?

DES RILLETTES

Non.

FÉLICIE

Alors... merci, monsieur.

DES RILLETTES, *très grand seigneur.*

Laissez donc!... Jamais je n'ai moins regretté mon argent. Salut! demeure calme et tranquille, asile de paix où je me propose de venir trois fois par semaine passer la soirée cet hiver, les pieds chauffés à des brasiers qui ne me coûteront que la fatigue de leur présenter mes semelles, et abreuvé de tasses de thé qui ne me coûteront que la peine de les boire. Oh! agréable perspective! rêve longtemps caressé! vision cent fois douce à l'âme du pauvre pique-assiette qui, sentant la vieillesse prochaine et pensant avec Racan que l'instant est venu de faire la retraite, ne demande pas mieux que de la faire, à l'œil, sous le toit hospitalier d'autrui. (*Cependant, depuis un instant, Félicie agacée mime le coup de rasoir, la joue caressée du revers de la main et le bout du nez pincé entre l'index et le pouce.*)

DES RILLETTES, *se tournant vers elle qui interrompt brusquement sa mimique.*

C'est que voyez-vous, mon enfant, plus on avance dans la vie, plus on en voit l'inanité. Qu'est la volupté? Un vain mot! Qu'est le plaisir? Une apparence! Vous me direz que pour un vieux célibataire, la vie de café a bien ses charmes. C'est vrai, mais que d'inconvénients! A la longue, ça devient monotone, onéreux, et puis il arrive un âge où...

FÉLICIE

Oh!

DES RILLETTES

Qu'est-ce qu'il y a?

FÉLICIE

J'ai oublié de refermer le robinet de la fontaine.

DES RILLETTES

Petite bête! Ça doit être du propre.

FÉLICIE

Je me sauve. Je vous annoncerai en même temps. (*Elle sort.*)

SCÈNE II

DES RILLETTES, *seul.*

Pas de cervelle, mais de l'esprit. Cette enfant ne me déplaît pas. L'appartement non plus, d'ailleurs. Ameublement bourgeois mais confortable, bourrelets aux fenêtres et sous les portes... La cheminée (*Il s'accroupit devant l'âtre.*) ronfle comme un sonneur et tire comme un maître d'armes. (*Se laissant tomber dans un fauteuil.*) Non, mais voyez donc ce ressort!... Des Rillettes, mon petit lapin, tu me parais avoir trouvé tes invalides et tu seras ici, je te le répète, ni plus ni moins que dans un bain de sirop de sucre. Je te fais bien mes compliments. Du bruit ! Ce sont probablement M. et Mme Boulingrin.

SCÈNE III

DES RILLETTES, LES BOULINGRIN

DES RILLETTES

Madame et monsieur Boulingrin, je suis bien votre serviteur.

BOULINGRIN

Eh ! bonjour, monsieur des Rillettes.

MADAME BOULINGRIN

C'est fort aimable à vous d'être venu nous voir.

BOULINGRIN

Vous tombez à propos.

DES RILLETTES

Bah !

MADAME BOULINGRIN

Comme marée en carême.

DES RILLETTES

J'en suis bien aise.

MADAME BOULINGRIN

Dites-moi, M. des Rillettes...

DES RILLETTES

Madame ?...

BOULINGRIN, *le tirant par le bras gauche.*

Pardon ! moi d'abord.

MADAME BOULINGRIN, *le tirant par le bras droit.*

Non. Moi !

BOULINGRIN

Non !

MADAME BOULINGRIN

N'écoutez pas, M. des Rillettes. Mon mari ne dit que des bêtises.

BOULINGRIN

Que des bêtises !...

MADAME BOULINGRIN

Oui, que des bêtises.

BOULINGRIN

Tu vas voir un peu, tout à l'heure, si je ne vais pas aller t'apprendre la politesse avec une bonne paire de claques. Espèce de grue !

MADAME BOULINGRIN

Voyou !

BOULINGRIN

Comment as-tu dit cela ?

MADAME BOULINGRIN

J'ai dit : « Voyou ».

BOULINGRIN

Tonnerre !... Et puis tu embêtes monsieur. Veux-tu bien le lâcher tout de suite !

MADAME BOULINGRIN

Lâche-le toi-même.

BOULINGRIN

Non. Toi !

MADAME BOULINGRIN
Non !

DES RILLETTES, *écartelé*.
Oh !

MADAME BOULINGRIN
Tu entends. Tu le fais crier.

DES RILLETTES
Excusez-moi, madame et monsieur Boulingrin, mais je vois que vous êtes en affaires et je craindrais d'être importun.

BOULINGRIN
Nullement.

MADAME BOULINGRIN
Point du tout.

BOULINGRIN
Au contraire.

DES RILLETTES
Cependant...

BOULINGRIN
Au contraire, vous dis-je. (*Lui avançant une chaise.*) Tenez !

MADAME BOULINGRIN, *même jeu.*
C'est cela. Prenez un siège.

DES RILLETTES
Merci.

BOULINGRIN
Non. Pas celui-ci ; celui-là !

DES RILLETTES
Mille grâces.

MADAME BOULINGRIN

Non. Pas celui-là; celui-ci.

BOULINGRIN

Non.

MADAME BOULINGRIN

Si.

BOULINGRIN

Non.

MADAME BOULINGRIN

Si.

BOULINGRIN

Est-ce que ça va durer longtemps? Vas-tu ficher la paix à M. des Rillettes?

DES RILLETTES

En vérité, je suis désolé.

MADAME BOULINGRIN

Pourquoi donc?

BOULINGRIN

Il n'y a pas de quoi.

MADAME BOULINGRIN *et* BOULINGRIN, *ensemble.*

Asseyez-vous.

MADAME BOULINGRIN, *qui a réussi à amener une chaise sous les fesses de des Rillettes.*

Là!

BOULINGRIN, *qui se précipite.*

Pas sur celle-là, je vous dis! (*Il enlève, d'un tour de main, la chaise avancée par sa femme, en sorte que des Rillettes, qui allait justement s'y asseoir, tombe, le derrière sur le plancher.*)

MADAME BOULINGRIN, *triomphante.*

Tu vois! (*Pendant tout le couplet qui suit, madame Boulingrin, calme et exaspérante, s'obstine à répéter :*) Imbécile! Imbécile! (*tandis que*)

BOULINGRIN, *légitimement indigné.*

Eh! c'est de ta faute, aussi! Pourquoi as-tu voulu le forcer à s'asseoir sur une chaise qui le répugnait? Tu serais bien avancée, n'est-ce pas, s'il s'était cassé la figure?... Imbécile?... Imbécile toi-même! Quel monstre de femme, mon Dieu! Pourquoi faut-il que j'aie trouvé ça sur mon chemin? (*A des Rillettes.*) Vous ne vous êtes pas blessé, j'espère?

DES RILLETTES, *qui se frotte mélancoliquement le fond de culotte.*

Oh! si peu que ce n'est pas la peine d'en parler.

BOULINGRIN

Vous m'en voyez ravi. Approchez-vous du feu.

DES RILLETTES, *à part.*

Je suis fâché d'être venu.

MADAME BOULINGRIN, *empressée.*

Prenez ce coussin sous vos pieds.

DES RILLETTES

Merci beaucoup.

BOULINGRIN, *que la civilité de sa femme commence à agacer, et qui fourre un second coussin sous le premier.*

Prenez également celui-ci.

DES RILLETTES

Bien obligé.

MADAME BOULINGRIN, *qui ne saurait sans déchoir accepter de son mari une leçon de courtoisie.*

Et celui-là. (*Elle glisse un troisième coussin sous les deux autres.*)

DES RILLETTES

En vérité...

BOULINGRIN, *armé d'un quatrième coussin.*

Cet autre encore.

DES RILLETTES

Non.

MADAME BOULINGRIN

Ce petit tabouret.

DES RILLETTES, *les genoux à la hauteur de l'œil.*

De grâce...

BOULINGRIN

Eh! laisse-nous tranquilles avec ton tabouret! (*Exaspéré, il envoie un coup de pied dans la pile de coussins échafaudée sous les semelles de des Rillettes. Les coussins s'écroulent, entraînant naturellement, dans leur chute, la chaise de des Rillettes, et des Rillettes avec.*) Tu assommes M. des Rillettes.

DES RILLETTES, *les quatre fers en l'air.*

Quelle idée!

MADAME BOULINGRIN

C'est toi qui le rases.

BOULINGRIN, *avec autorité.*

Allons, tais-toi!

MADAME BOULINGRIN

Je me tairai si je veux.

BOULINGRIN
Si tu veux !
MADAME BOULINGRIN
Oui, si je veux.
BOULINGRIN
... de Dieu !
MADAME BOULINGRIN
Et je ne veux pas, précisément.
BOULINGRIN
C'est trop fort !... Coquine !
MADAME BOULINGRIN
Cocu !
BOULINGRIN
Gaupe !
MADAME BOULINGRIN
Gouape !
BOULINGRIN
Quelle existence !
MADAME BOULINGRIN
Je te conseille de te plaindre. (*A des Rillettes.*) Un fainéant doublé d'un escroc, qui ne fait œuvre de ses dix doigts et se saoûle avec l'argent de ma dot : les économies de mon vieux père !
BOULINGRIN, *au comble de la joie.*
Ton père !... (*A des Rillettes.*) Dix ans de travaux forcés pour faux en écritures de commerce.
MADAME BOULINGRIN
En tous cas, on ne l'a pas fourré à Saint-Lazare pour excitation de mineure à la débauche, comme la mère d'un imbécile que je connais.

BOULINGRIN, *à des Rillettes.*

Vous l'entendez ?

DES RILLETTES

Ne trouvez-vous pas que le temps s'est étrangement rafraîchi depuis une quinzaine de jours ?

BOULINGRIN, *à sa femme.*

Ne me force pas à révéler en l'infection de quel cloaque je t'ai pêchée de mes propres mains.

MADAME BOULINGRIN

Pêchée !... Tu ne manques pas d'audace et je serais curieuse de savoir lequel de nous a pêché l'autre !

BOULINGRIN

Ernestine !

MADAME BOULINGRIN, *formidable.*

Silence ! ou je dis tout ! ! !

BOULINGRIN, *trépignant.*

Ah !... ah !... ah !...

DES RILLETTES, *avide de concilier.*

Du calme !... Madame a raison.

BOULINGRIN, *qui bondit.*

Raison ?

DES RILLETTES, *doux et souriant.*

Oui.

BOULINGRIN

Raison !

DES RILLETTES

Mais...

BOULINGRIN

Raison !... Ah çà ! monsieur des Rillettes, vous voulez donc que je vous extermine ?

DES RILLETTES

En aucune façon, monsieur. Je vous prie même de n'en rien faire.

BOULINGRIN

Certes, je puis le dire à voix haute : au cours de ma longue carrière, j'ai entendu bien des crétins proférer des extravagances. Ça ne fait rien, je veux que mon visage se couvre de pommes de terre, si j'ai jamais, au grand jamais, ouï la pareille insanité !

DES RILLETTES

Ah ! mais pardon !

BOULINGRIN

Raison !

DES RILLETTES

Voulez-vous me permettre ?

BOULINGRIN

Raison !

DES RILLETTES

Ecoutez-moi.

BOULINGRIN, *hors de lui,*

Une trique ! Qu'on m'apporte une trique ! Je veux casser les reins à M. des Rillettes, car la patience a des limites et, à la fin, ceci passe la permission. Comment ! Voilà une bougresse, fille de voleurs, voleuse elle-même, qui me fait tourner en bourrique, m'écorche, me larde, me fait cuire à petit feu, et c'est elle qui a raison !... une gueuse qui me suce le sang, me ronge le cerveau, le poumon, les reins, les pieds, le foie, la rate, l'œsophage, le pancréas, le péritone, et l'intestin, et c'est elle qui a raison !

DES RILLETTES

Voyons...

MADAME BOULINGRIN

Ne faites pas attention, il est fou.

BOULINGRIN

Raison !... Vous dites qu'elle a raison parce que vous parlez sans savoir, comme une vieille bête que vous êtes.

DES RILLETTES, *assez sec.*

Trop aimable.

BOULINGRIN

... Mais si vous étiez à ma place, vous changeriez d'opinion. Oui, ah ! je voudrais bien vous y voir ! Vous en feriez une, de bouillotte, si on vous mettait à la broche avec une gousse d'ail sous la peau et qu'on vous foute ensuite à roter devant le feu, depuis le premier janvier jusqu'à la saint Sylvestre.

DES RILLETTES

Comment ! à roter devant le feu !...

BOULINGRIN, *se reprenant.*

A rôtir !... Je ne sais plus ce que je dis.

MADAME BOULINGRIN

Il est fou à lier.

BOULINGRIN

Fou à lier ?... Gueuse ! scélérate ! Plaie de ma vie ! (*Saisissant des Rillettes par un bouton de sa redingote et le secouant comme un prunier.*) Mais monsieur, jusqu'à mon manger !... où elle fourre de la mort aux rats, histoire de me ficher la colique ! (*Le bouton saute.*)

MADAME BOULINGRIN

Quel toupet ! (*Saisissant des Rillettes par un second bouton, qui saute, d'ailleurs, comme le premier.*) C'est lui, au contraire, qui met des bouchons dans le vin, afin de le rendre imbuvable !

BOULINGRIN

Menteuse !

MADAME BOULINGRIN

Je mens ? C'est bien simple. (*Elle sort.*)

SCÈNE IV

BOULINGRIN, DES RILLETTES

BOULINGRIN

C'est ça ! File, que je ne te revoie plus !... que je n'entende plus parler de toi !

DES RILLETTES, *à part.*

Qu'est-ce que c'est que ces gens là ?... Qu'est-ce que c'est que ces gens-là ? Fuyons avec célérité.

BOULINGRIN, *s'approchant de lui.*

Monsieur des Rillettes ?

DES RILLETTES

Monsieur ?

BOULINGRIN

J'ai des excuses à vous faire. Je crains de m'être

laissé aller à un fâcheux emportement et de ne pas vous avoir traité avec les égards voulus.

DES RILLETTES, *jouant la surprise.*

Quand cela? Où?

BOULINGRIN

Tout à l'heure. Ici.

DES RILLETTES

Je ne sais ce que vous voulez dire. Vous avez été, au contraire, d'une correction irréprochable, et je suis touché au plus haut point de votre excellent accueil. (*Boulingrin, souriant et confus, lui serre chaleureusement la main.*) Adieu.

BOULINGRIN

Quoi! Déjà?

DES RILLETTES

Hélas, oui. Je suis appelé au dehors par une affaire des plus pressantes, et je dois prendre congé de vous.

BOULINGRIN

Vous plaisantez.

DES RILLETTES

Du tout.

BOULINGRIN

Allons, vous allez accepter un rafraîchissement.

DES RILLETTES

N'en croyez rien.

BOULINGRIN

Si fait, si fait, nous ne nous quitterons pas sans avoir bu un coup et choqué le verre à notre bonne amitié. (*Geste de des Rillettes.*) N'insistez pas, vous me blesseriez. (*Il sonne.*) Je croirais que vous avez de la rancune contre moi. (*A la bonne qui apparaît.*) Allez me chercher une bouteille de champagne.

FÉLICIE

Bien, m'sieu. (*Elle sort.*)

DES RILLETTES, *consentant à capituler.*

Enfin !...

BOULINGRIN, *ravi.*

Ah !

DES RILLETTES

J'accepte votre invitation pour ne pas vous désobliger, mais j'entends ne plus être mêlé à vos dissensions intestines. Elles sont sans intérêt pour moi et me mettent dans des positions fausses, — sans parler des boutons de mon habit qui y restent, et de mes fesses, qui s'en ressentent.

BOULINGRIN

Marché conclu.

DES RILLETTES, *la main tendue.*

Tope ?

BOULINGRIN, *tapant.*

Tope !

DES RILLETTES

En ce cas, asseyons-nous. (*Ils prennent chacun une chaise, s'installent près l'un de l'autre, et, souriants, se contemplent un instant en silence. A la fin.*)

BOULINGRIN, *avec enjouement.*

J'ai idée, M. des Rillettes, que nous allons faire à nous deux, une solide paire d'amis.

DES RILLETTES

C'est aussi mon avis.

BOULINGRIN

Vous m'êtes fort sympathique. (*Geste discret de des Rillettes.*) Je vous le dis comme je le pense. Sans doute, j'apprécie vivement l'agrément de votre causerie, pleine d'aperçus ingénieux, fertile en piquantes anecdotes et en mots à l'emporte-pièce, mais une chose surtout me plaît en vous : le parfum de franchise, de droiture, qui émane de votre personne. Gageons que la sincérité est votre vertu dominante?

DES RILLETTES, *modeste mais juste.*

Forcé d'en convenir.

BOULINGRIN

A merveille! Nous allons l'établir sur l'heure. Donnez-moi votre parole d'honneur de répondre sans ambages, sans détours et sans faux-fuyants, à la question que je vais vous poser.

DES RILLETTES

Je vous la donne.

BOULINGRIN

Bien. Dites-moi. Tout de bon là, le cœur sur la main, croyez-vous que depuis la naissance du monde on vit jamais rien de comparable, comme ignominie, comme horreur, comme infamie, comme abjection, à la figure de ma femme?

DES RILLETTES, *se levant.*

Ça recommence!

BOULINGRIN, *le forçant à se rasseoir.*

Ah! vous en convenez!

DES RILLETTES

Permettez.

BOULINGRIN

Et encore, si ce n'était que sa figure ! Mais il y a pis que cela, monsieur, il y a sa mauvaise foi sans nom, sa bassesse d'âme sans exemple. Tenez, un détail dans le tas, Nous faisons lit commun, n'est-ce pas !

DES RILLETTES, *impatienté.*

Eh ! que diable !...

BOULINGRIN

Sapristi, laissez-moi donc parler. Vous vous expliquerez tout à l'heure. Donc, nous faisons lit commun. Moi, je couche au bord, elle dans le fond. Ça l'embête. Très bien, qu'est-ce qu'elle fait ? Elle m'envoie des coups de pied dans les jambes toute la nuit ! Comme ceci. (*Il lance un coup de pied dans le tibia de des Rillettes.*)

DES RILLETTES, *hurlant.*

Oh !

BOULINGRIN

Hein ? Quelle sale bête !... Ou alors, elle me tire les cheveux ! Comme cela.

DES RILLETTES, *rugissant.*

Ah !

BOULINGRIN

N'est-ce pas, monsieur, que ça fait mal ?... Bien mieux ! Quelquefois, le matin, est-ce qu'elle ne m'envoie pas des gifles à tour de bras, sous prétexte de s'étirer ? Parfaitement ! Tenez, voilà comment elle fait. (*Il bâille bruyamment, et, dans le même temps, jouant la comédie d'une personne qui s'étire les membres au réveil, il envoie une gifle énorme à des Rillettes.*) Vous croyez que c'est agréable ?

DES RILLETTES

Non ! Non ! Et, en voilà assez ! Et je ne suis pas venu dans le monde pour qu'on m'y fasse subir des mauvais traitements ! Et si, au grand jamais, je remets les pieds chez vous... (*A ce moment :*)

MADAME BOULINGRIN, *qui est rentrée en coup de vent, un verre de vin à la main.*

Buvez !

SCÈNE V

DES RILLETTES, LES BOULINGRIN

DES RILLETTES, *sursautant.*

Qu'est-ce que c'est que ça ?

MADAME BOULINGRIN

Buvez !

BOULINGRIN

Comment ! Tu n'es pas encore morte !

MADAME BOULINGRIN

Zut, toi ! Mais buvez donc, monsieur. Je vous dis que ça sent le bouchon !

BOULINGRIN

Mauvaise gale ! Tu ne l'emporteras pas en paradis ! (*Il sort.*)

SCÈNE VI

DES RILLETTES, MADAME BOULINGRIN

MADAME BOULINGRIN

Bonjour ! Quel débarras !

DES RILLETTES, *à part.*

Quel monde !

MADAME BOULINGRIN

A la fin, allez-vous boire, vous ?

DES RILLETTES

Sérieusement, j'aime autant pas.

MADAME BOULINGRIN, *étonnée.*

Ce n'est pas sale ; c'est mon verre.

DES RILLETTES

Je ne vous dis pas le contraire, mais je suis forcé de me retirer.

MADAME BOULINGRIN

Comme ça ? Tout de suite ?

DES RILLETTES

A l'instant même. — Qu'est-ce que j'ai fait de mon chapeau ? (*Il se coiffe, puis saluant jusqu'à terre.*) Madame...

MADAME BOULINGRIN

Ecoutez, monsieur des Rillettes, voulez-vous me rendre un service ?

DES RILLETTES

Très volontiers.

MADAME BOULINGRIN

Bien. Enlevez-moi.

DES RILLETTES

Vous dites ?

MADAME BOULINGRIN

Je dis : « Enlevez-moi. »

DES RILLETTES, *suffoqué.*

Ça, par exemple, c'est le bouquet ! Vous voulez que je vous enlève ?

MADAME BOULINGRIN

Je vous en prie.

DES RILLETTES

Eh ! Je ne peux pas !

MADAME BOULINGRIN

Pourquoi donc ?

DES RILLETTES

J'ai un vieux collage, ça me ferait avoir des histoires.

MADAME BOULINGRIN

Vous refusez ?

DES RILLETTES

A mon grand regret ; mais enfin soyez raisonnable...

MADAME BOULINGRIN

Vous refusez ?

DES RILLETTES

Puisque je vous dis...

MADAME BOULINGRIN

Eh bien, je vous préviens d'une chose : c'est que vous allez être la cause de grands malheurs.

DES RILLETTES

Moi ?

MADAME BOULINGRIN

Vous. Oh! inutile de faire les grands bras. Avant — vous entendez? — avant qu'il soit l'âge d'un petit cochon, il y aura, à cette place, un cadavre !!! Puisse le sang qui aura coulé par votre faute ne pas retomber sur votre tête.

DES RILLETTES, *les poings aux tempes.*

Mais c'est à devenir fou ! Mais qu'est-ce que je vous ai fait ? Mais ça devient odieux, à la fin ?

MADAME BOULINGRIN

Ah ! c'est qu'il ne faut pas, non plus, tirer trop fort sur la ficelle, ou alors tout casse, tant pis ! Voilà dix ans que j'y mets de la bonne volonté ; ça ne peut pas durer toute la vie. Vous comprenez que j'en ai assez.

DES RILLETTES

Sans doute ; mais... ça m'est égal.

MADAME BOULINGRIN, *non sans quelque ironie.*

C'est tout naturel, parbleu ! Qu'est-ce que ça peut vous faire à vous ? Ce n'est pas vous qui tenez la queue de la poêle et qui payez les pots cassés. Alors vous tranchez la question avec le désintéressement d'un bon gros diable de pourceau confit dans son égoïsme. Trop commode ! Il est probable que vous changeriez de langage si vous étiez, pieds et poings liés, livré à la fureur d'une brute sanguinaire qui vous traiterait en esclave et vous battrait comme un tapis. Car il me bat. Vous ne le croyez pas ?

DES RILLETTES, *battant prudemment en retraite.*

Si ! si ! si !

MADAME BOULINGRIN, *marchant lentement sur lui.*

Non seulement, entendez-vous bien, il me meurtrit de bourrades au point de m'en défoncer les côtes, mais il me pince, qui plus est !... à m'en faire hurler, le misérable !... et (*pinçant des Rillettes qui proteste*) pas comme ceci, ce ne serait rien... Non ; entre l'os de l'index et la deuxième phalange du pouce ! Comme ça. (*Elle joint l'exemple à la démonstration, en sorte que des Rillettes, le bras comme dans un engrenage, se répand en clameurs douloureuses.*) Vous voyez ; ça forme l'étau.

DES RILLETTES

Ah ! Eh ! Oh ! Hi ! (*A ce moment rentre Boulingrin, une assiette de soupe à la main.*)

SCÈNE VII

DES RILLETTES, LES BOULINGRIN

BOULINGRIN, *à des Rillettes.*

Goûtez !

DES RILLETTES, *sursautant.*

Qu'est-ce que c'est que ça, encore ?

BOULINGRIN

C'est de la mort-aux-rats. Goûtez ! Goûtez donc, tonnerre de Dieu ! Ça va vous fiche la colique.

DES RILLETTES

Je m'en rapporte à vous.

MADAME BOULINGRIN, *à son mari.*

Canaille !... Je n'en aurai pas le démenti ! — Buvez !

DES RILLETTES, *menacé du verre de vin.*

Non !

BOULINGRIN

Goûtez ça !

DES RILLETTES, *menacé d'une cuillerée de soupe.*

Jamais !

MADAME BOULINGRIN

Je vous promets que ça empeste !

BOULINGRIN

Je vous jure que c'est du poison ! (*Ils se sont emparés de des Rillettes, et, de force, chacun d'eux avide d'avoir raison, ils lui ingurgitent du potage mélangé avec du vin, cependant que l'infortuné, les dents obstinément serrées, oppose une héroïque défense.*)

MADAME BOULINGRIN

Est-il bête !

BOULINGRIN

C'est curieux, cette obstination ! Puisque je vous dis que vous êtes fichu d'en claquer !

MADAME BOULINGRIN, *à son mari.*

Dis donc, quand tu auras fini de gaver M. des Rillettes !... Est-ce que tu le prends pour une volaille ?

BOULINGRIN

Et toi, le prends-tu pour une éponge ?

MADAME BOULINGRIN

Saleté !

BOULINGRIN

Gueuse !

MADAME BOULINGRIN

Peste!

BOULINGRIN

Choléra!... Et puis, tiens! (*De sa main lancée avec violence, il envoie à madame Boulingrin le contenu de son assiette.*)

DES RILLETTES, *qui a tout reçu.*

Oh!

BOULINGRIN, *s'excusant.*

Pardon! simple inadvertance.

MADAME BOULINGRIN, *folle de rage.*

Goujat! Ignoble personnage! Tiens!

DES RILLETTES, *ruisselant d'eau rougie.*

Ah!

MADAME BOULINGRIN

Excusez. C'est bien sans l'avoir fait exprès. Là-dessus, nous allons en finir. (*Elle tire de sa poche un revolver.*) C'est toi qui l'auras voulu.

BOULINGRIN, *terrifié.*

A moi! Au secours! (*Il se réfugie derrière des Rillettes.*)

MADAME BOULINGRIN

Tu vas mourir!

DES RILLETTES, *à Boulingrin qui s'est fait de lui un paravent.*

Ah non, eh!... Lâchez-moi! Pas de blagues!

BOULINGRIN, *au comble de l'effroi.*

Ne bougez pas, bon sang de bonsoir!

MADAME BOULINGRIN, *ajustant.*

Otez-vous, monsieur des Rillettes!

BOULINGRIN

Non ! Non !

MADAME BOULINGRIN

Otez-vous de là ! Je tire.

(Tumulte. Les trois personnages hurlent à l'unisson.)

BOULINGRIN

Restez ! Je suis un homme perdu. Je la connais, elle est capable de tout ! Protégez-moi, monsieur des Rillettes ! C'est à ma vie qu'elle en a !... Ah ! la misérable ! la gueuse ! Au secours ! Au secours !

MADAME BOULINGRIN

Ah ! c'est comme ça ! Vous ne voulez pas vous retirer ? Eh bien ! tant pis pour vous si vous y laissez votre peau ! Il faut que ça finisse ! Il faut que ça finisse ! La mesure est comble ! gare l'obus !

DES RILLETTES

Monsieur Boulingrin, par pitié !... Madame Boulingrin, je vous en prie !... je ne veux pas mourir encore !... Ah ! mon Dieu, quelle fâcheuse idée j'ai eue de venir passer la soirée !...

BOULINGRIN, *brusquement.*

Oh ! Quelle idée !... (*Il souffle la lampe.*) Vise-moi donc, maintenant !... (*Nuit complète sur la scène, de même que dans la salle, et, du sein de ces ténèbres profondes, surgissent, en hurlements, les phrases suivantes.*)

LA VOIX DE BOULINGRIN

Ah! 'tu voulais m'assassiner?... Pif! (*Bruit d'une gifle.*)

LA VOIX DE DES RILLETTES

Oh!

LA VOIX DE MADAME BOULINGRIN

A mon tour... Paf!

LA VOIX DE DES RILLETTES

Ah!

TUMULTE NOCTURNE. (*On entend:* Canaille! Crapule! Poison! Escroc! *et le bruit de quatre nouvelles gifles, que l'infortuné des Rillettes reçoit, non sans protestations, les unes après les autres. Après quoi :*)

LA VOIX DE MADAME BOULINGRIN

Et puis, feu! (*Coup de pistolet.*)

LA VOIX DE DES RILLETTES, *éploré.*

Une balle dans le gras!!!

LA VOIX DE BOULINGRIN

Ah! tu tires? Eh bien, je casse la glace!

LA VOIX DE MADAME BOULINGRIN

Ah! tu casses la glace? Eh bien! je casse la pendule!

LA VOIX DE BOULINGRIN

Ah! tu casses la pendule? Eh bien je casse tout. (*Des meubles culbutés s'écroulent.*)

LA VOIX DE MADAME BOULINGRIN

Ah! tu casses tout? Eh bien je mets le feu! (*Galopades, hurlements.*)

LA VOIX DE DES RILLETTES

Faites donc attention, nom de Dieu ! Vous me marchez sur la figure !

LA VOIX DE BOULINGRIN

Chamelle !

LA VOIX DE MADAME BOULINGRIN

Enfant de coquine !

LA VOIX DE BOULINGRIN

Fille de voleur !

LA VOIX DE MADAME BOULINGRIN

Gredin ! (*Des Rillettes soupire douloureusement et geint. Soudain, par les portes ouvertes, du fond et des côtés, c'est la lueur rouge de l'incendie. La scène s'éclaire d'une teinte de sang.*)

DES RILLETTES, *affolé.*

L'incendie !!! Au feu ! Au feu ! (*Il se précipite vers le fond ; mais, juste comme il va sortir, survient Félicie, un seau d'eau à la main, accourue pour porter secours.*)

FÉLICIE

Le feu ?... Voilà ! (*Elle lance le contenu de son seau à toute volée.*)

DES RILLETTES, *inondé des pieds à la tête.*

Charmante soirée ! (*La scène s'achève dans le vacarme assourdissant d'une maison livrée à des fous, cependant qu'au dehors la pompe, qui se rapproche au grand galop de son attelage, meugle lugubrement deux notes, toujours les mêmes.*)

Puis :

BOULINGRIN, *brusquement apparu sur le seuil de la pièce et qui se détache en noir cru sur la clarté d'un feu de bengale.*

Ne vous en allez pas, monsieur des Rillettes, Vous allez boire un verre de Champagne.

RIDEAU

ÉMILE COLIN — IMPRIMERIE DE LAGNY.

www.ingramcontent.com/pod-product-compliance
Lightning Source LLC
Chambersburg PA
CBHW060708050426
42451CB00010B/1324